BRIGHTWOOD BRANCH
SPRINGFIELD, (MA) CITY LIBRARY

BUB

Y0-BKQ-792

MAR 0 4 2008

Alquimia

Franz Hartmann

Alquimia

EDICIONES OBELISCO

Si este libro le ha interesado y desea que le mantengamos informado de nuestras publicaciones, escríbanos indicándonos qué temas son de su interés (Astrología, Autoayuda, Ciencias Ocultas, Artes Marciales, Naturismo, Espiritualidad, Tradición...) y gustosamente le complaceremos.

Puede consultar nuestro catálogo en www.edicionesobelisco.com

Colección Biblioteca Esotérica
ALQUIMIA
Franz Hartmann

1ª edición: mayo de 2007
Título original: *Alchemy*

Traducción: *Verónica d'Ornellas*
Maquetación: *Marta Rovira*
Diseño de cubierta: *Enrique Iborra*

© 2007, Ediciones Obelisco, S.L
(Reservados los derechos)

Edita: Ediciones Obelisco S.L.
Pere IV, 78 (Edif. Pedro IV) 3ª planta 5ª puerta
08005 Barcelona-España
Tel. 93 309 85 25 - Fax 93 309 85 23
Paracas, 59   Buenos Aires
C1275AFA   República Argentina
Tel. (541 -14) 305 06 33 Fax (541 -14) 304 78 20
E-mail: obelisco@edicionesobelisco.com

ISBN: 978-84-9777-356-0
Depósito Legal: B-24.236-2007

Printed in Spain

Impreso en España en los talleres gráficos de Romanyá/Valls S.A.
Verdaguer, 1 – 08786 Capellades (Barcelona)

Ninguna parte de esta publicación, incluso el diseño de la cubierta, puede ser reproducida, almacenada, transmitida o utilizada en manera alguna por ningún medio, ya sea electrónico, químico, mecánico, de grabación o electrográfico, sin el previo consentimiento por escrito del editor.

La Alquimia

La Alquimia es una ciencia que resulta del conocimiento de Dios, la Naturaleza y el Hombre. No puede obtenerse un perfecto conocimiento de ninguno de ellos sin el conocimiento de los otros dos, pues estos tres son uno y son inseparables. La Alquimia no es meramente una ciencia intelectual, sino una ciencia espiritual; porque aquello que pertenece al espíritu sólo puede ser conocido espiritualmente. No obstante, es una ciencia que trata con las cosas materiales, pues espíritu y materia no son más que dos manifestaciones opuestas, o «polos», del Eterno.

La Alquimia es un arte y, dado que todo arte exige ser practicado por un artista, así también, esta ciencia y este arte divinos sólo pueden ser practicados por aquellas personas que estén en posesión del poder divino necesario para tal propósito. Es cierto que la manipulación externa requerida para la producción de ciertas preparaciones alquímicas puede ser enseñada, como un proceso químico corriente, a cualquier persona capaz de razonar; pero los resultados que ésta conseguiría estarían carentes de vida, pues sólo aquel en quien la auténtica vida ha despertado puede despertarla de su sueño en la Prima Materia, y hacer que, del Caos de la Naturaleza, surjan formas visibles.

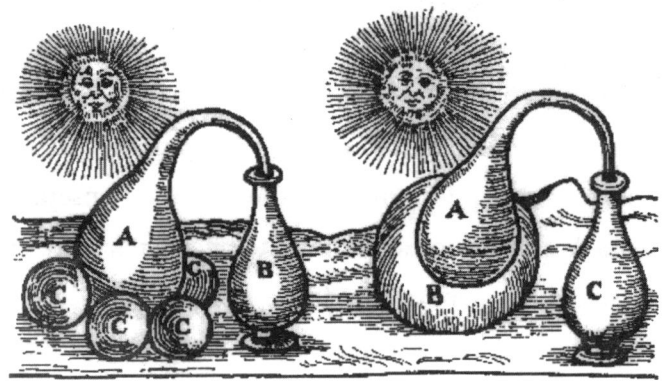

John French, *The Art of distillation*, Londres, 1651

La Alquimia, es sus aspectos más elevados, se ocupa de la regeneración espiritual del hombre, y enseña cómo puede hacerse un dios de un ser humano o, para expresarlo con mayor corrección, cómo establecer las condiciones necesarias para el desarrollo de los poderes divinos en el hombre, para que un ser humano pueda convertirse en dios por el poder de Dios, en el mismo sentido en que una semilla se convierte en planta con la ayuda de los cuatro elementos y la acción del quinto invisible. La Alquimia, en su aspecto más material, enseña cómo pueden generarse minerales, metales, plantas, animales y hombres a partir de sus «semillas»; o, en otras palabras, cómo dicha generación, que se consigue en largos períodos de tiempo en el curso de acción adecuado de las leyes naturales, puede conseguirse en un tiempo comparativamente breve si el conocimiento espiritual del hombre guía a dichas leyes y les proporciona material. No cabe duda en mi mente de que se puede hacer crecer oro por medios alquímicos, pero es necesario que haya un Alquimista que haga el experimento y que tenga éxito; y aquel que esté atraído por el poder del oro no obtendrá la posesión del poder espiritual necesario para practicar este arte.

El objeto de estas páginas no es aportar pruebas de la verdad de la Alquimia al escéptico, ni ofrecer argumentos sobre la fuerza con la cual puede convencerse al incrédulo de que crea en su posibilidad. Creer en algo sobre lo cual uno no tiene ningún conocimiento sería de poco beneficio; pero aquellos que tengan algún conocimiento espiritual de la Alquimia, un sentido intuitivo de la misma, pueden recibir algún beneficio de la lectura cuidadosa de este capítulo, ya que puede servirles para llevar a la comprensión de sus mentes aquello que ya conocen espiritualmente.

Es un error confundir Alquimia con Química. La Química moderna es una ciencia que trata meramente con las formas externas en que el elemento de la materia se manifiesta. Podemos mezclar y componer y descomponer dos o más cuerpos químicos un número ilimitado de veces, y hacer que aparezcan bajo diversas formas, pero, al final, no tendremos ningún aumento de la sustancia, ni ninguna cosa que no sean combinaciones de las sustancias que han sido empleadas en un principio. La Alquimia no mezcla ni compone nada, hace que aquello que ya existe en un estado latente se vuelva más activo y crezca. La Alquimia es, por lo tanto, más comparable a la botánica o a la agricultura que a la Química; y, de hecho, el crecimiento de una planta, un árbol o un animal es un proceso alquímico que tiene lugar en el laboratorio alquímico de la naturaleza, y que es realizado por el gran Alquimista, el poder de Dios actuando en la naturaleza.

Michael Maier, *Atalanta Fugiens*, Oppenheim, 1618

La naturaleza de la Alquimia es explicada con claridad por Johannes Trithemius, quien dice:

«Dios es un fuego esencial que está oculto en todas las cosas, y especialmente en el hombre. Este fuego genera todas las cosas.

»Las ha generado y las generará en el futuro, y aquello que es generado es la verdadera luz divina de la eternidad. Dios es un fuego; pero no hay ningún fuego que pueda arder y ninguna luz que pueda aparecer en la naturaleza sin que se añada aire para provocar la combustión.

»Asimismo, el Espíritu Santo en ti debe actuar como el "aire" o aliento divino, saliendo del fuego divino y soplando sobre el fuego que hay dentro del alma, para que aparezca la luz, pues la luz debe ser alimentada por el fuego. Esta luz es amor, alegría y dicha dentro de la deidad eterna. Esta luz es Jesús, que ha emanado de la eternidad, de Jehová.

»Aquel que no tiene esta luz, se encuentra en el fuego sin luz; pero si la luz está en él, entonces el Cristo está en él y toma forma en él, y esta persona conocerá esta luz tal como existe en la naturaleza.

»Todas las cosas que vemos son, en su interior, fuego y luz, donde se oculta la esencia del espíritu. Todas las cosas son una trinidad de fuego, luz y aire. En otras palabras, el Espíritu, el Padre, es una luz divina sobreesencial; el Hijo es la luz manifiesta; el Espíritu Santo, un aire y movimiento sobreesencial y divino. El fuego reside dentro del corazón y envía sus rayos a través del cuerpo del hombre, haciéndole vivir; pero ninguna luz puede nacer del fuego sin la presencia del espíritu de santidad».

Para expresar esto en otras palabras, podríamos decir que: todas las cosas nacen del pensamiento, y existen en la mente universal (la luz astral), y dentro de cada una de ellas está latente la voluntad, por cuya acción se puede desarrollar y sus poderes se pueden desplegar. Esto tiene lugar en circunstancias favorables mediante la acción lenta e inconsciente de la voluntad universal que actúa en la naturaleza, y puede conseguirse en un período de tiempo muy breve con la ayuda de la voluntad consciente del alquimista.

Jakob Boehme,
Teosophische Werke,
Ámsterdam, 1682

Pero, para que la voluntad de una persona pueda realizar estas maravillas en sustancias externas, antes, su voluntad debe devenir consciente de sí misma en su interior; la luz que brilla desde el centro de su corazón debe estar viva y radiante para que pueda actuar sobre aquellas sustancias con las que el Alquimista trata.

La persona en la cual esta luz divina del Cristo no ha despertado a la vida está prácticamente dormida en espíritu, y no puede actuar sobre las cosas del espíritu más de lo que un hombre podría tratar con sustancias materiales mientras duerme. Este hecho difícilmente será reconocido o comprendido por el racionalista, quien imagina que está completamente despierto y para quien, por lo tanto, los secretos de la alquimia son un misterio inexplicable, y su única manera de disponer de ellos es negándolos o burlándose.

La Alquimia se conoce desde los tiempos más antiguos. No era ningún secreto para los iniciados que había entre los brahmanes y los egipcios; y, si uno lee la Biblia bajo la luz de la Cábala, descubrirá que se trata de la descripción de un proceso alquímico. El Aleph, א, representa tres llamas ardientes, pero es solamente una letra.

Jakob Boehme, *Teosophische Werke*, Ámsterdam, 1682

En Magia significa AOH, el Padre, aquel a partir del cual todos los demás se originan, el Alpha y también el Omega, el principio y también el fin. Del mismo modo que el aire hace que el fuego arda y emita una luz, también el Espíritu Santo (sin cuya presencia no se puede alcanzar cosa alguna), al alimentar el fuego divino con el alma, hace que la luz viviente del Cristo se manifieste. Esto está también indicado en las tres primeras letras de la palabra בראשית, pues ב significa «Ben», el hijo; el AOH, el Padre; y ר significa Ruach, o Espíritu. Ésta,

15

entonces, es la trinidad de padre, hijo y Espíritu Santo, y su cualidad está indicada por la sílaba siguiente, שיה, que indica la verdadera generación, pues la ש es la letra que simboliza el fuego, y la י simboliza la luz. La pronunciación de la primera es como el siseo de la llama, pero la última surge suavemente del fuego, ya que también nace débil y suavemente dentro del alma humana, mientras que la ה simboliza el espíritu y el poder de la palabra pronunciada con firmeza.

El *Cantar de los Cantares*, en el Antiguo Testamento, es una descripción de los procesos de la alquimia. En este *Cantar de los Cantares*, el *Subjectum* es descrito en el *Cantar* I, 5; el *Lilium artis* en *Cantar* II, 1; la Preparación y Purificación en *Cantar* II, 4; el Fuego en *Cantar* III, 1; la Sublimación y la Destilación en *Cantar* III, 6; la Coagulación y el Cambio de Color en *Cantar* V, 9 a 14; la Fijación puede encontrarse en *Cantar* II, 12, así como en *Cantar* VIII, 4; la Multiplicación en *Cantar* VI, 7; la Aumentación y la Proyección en *Cantar* VIII, 8, etc.

Con todo esto, no debe suponerse que la práctica de la Alquimia consista meramente en el ejercicio de la voluntad y la imaginación, o que los productos obtenidos son simplemente imaginarios e intangibles o invisibles a los ojos de los mortales.

Michael Maier, *Atalanta Fugiens*, Oppenheim, 1618

Por el contrario, ningún proceso alquímico puede realizarse sin la presencia de materia visible y tangible, ya que es, por así decirlo, una espiritualización de la materia. No hay transformación de materia en espíritu, como creen algunas personas, pues cada uno de los siete principios de la naturaleza eterna es inalterable, y permanece eternamente en su propio centro, en el mismo sentido en que la oscuridad no puede ser convertida en luz, aunque puede encenderse una luz dentro de la oscuridad y, en consecuencia, la oscuridad desaparecerá. Asimismo, dentro de cada forma material duerme el espíritu divino, la luz, que puede ser despertada a la vida y a la actividad, e iluminar el cuerpo y hacerlo vivir y crecer. La química de nuestro tiempo no tiene conocimiento de las cualidades de los poderes de dicha luz, ni siquiera de su existencia, ni tiene nombres para describirlas; pero están descritas bajo diversos nombres en la Biblia, y en libros de Oriente todavía más antiguos.

Hay una sustancia visible y una sustancia invisible; un agua tangible y una que está fuera del alcance de la percepción a través de los sentidos físicos; un fuego visible y un fuego mágico invisible. Ninguna de estas cosas puede realizar nada sin la otra, pues en la práctica de la Alquimia, como en la regeneración del hombre, aquello que está arriba debe penetrar aquello que está abajo para que lo inferior pueda entrar en un estado superior de existencia.

La prima materia

Si deseamos conocer la naturaleza debemos aprender a conocer a Dios, y no podemos conocer a Dios sin un conocimiento de nuestro propio ser divino.

La sustancia espiritual, de la cual la naturaleza externa visible es una expresión y una manifestación imperfecta, ha sido llamada Prima Materia; es el material para la formación de un nuevo Cielo y una nueva Tierra. Es como el agua o un «océano cristalino»; si se compara con nuestra tierra inmensamente material, es a la vez fuego, agua, aire y tierra, corpórea en su esencia y, no obstante, incorpórea en relación con nuestras formas físicas.

Barent Coenders van Helpen, *L'Escalier des Sages*, Colonia, 1693

En ella como Caos, están contenidos los gérmenes, las semillas, o las potencias de todas las cosas que alguna vez hayan existido, y de todo aquello que existirá en el futuro. Es el alma o corpus de la naturaleza y, mediante el fuego mágico, puede ser extraída de todas las sustancias y hacerse corpórea o visible. Es una unidad y, sin embargo, una trinidad, de acuerdo con sus aspectos como Azufre, Mercurio y Sal. Estas tres son cualidades inconfundibles que caracterizan al espíritu de la luz y, sin embargo, no difieren en nada de la esencia de la luz. Y esta luz es la naturaleza eterna, el Alma del Mundo.

Esta materia primordial contiene los poderes que forman minerales y metales, vegetales y animales, y todo aquello que respira; en sus profundidades están ocultas todas las formas, y es, por lo tanto, el verdadero *principium* o inicio de todas las cosas. Es el campo de juego y el campo de batalla para todas las influencias astrales que vienen de las estrellas y el lugar de nacimiento de los seres que habitan en el plano astral, y de aquellos que nacen en el mundo visible (para nosotros). Es la matriz de la naturaleza eterna de la cual nace todo lo que existe por el poder del espíritu que actúa en su interior.

CHAOS

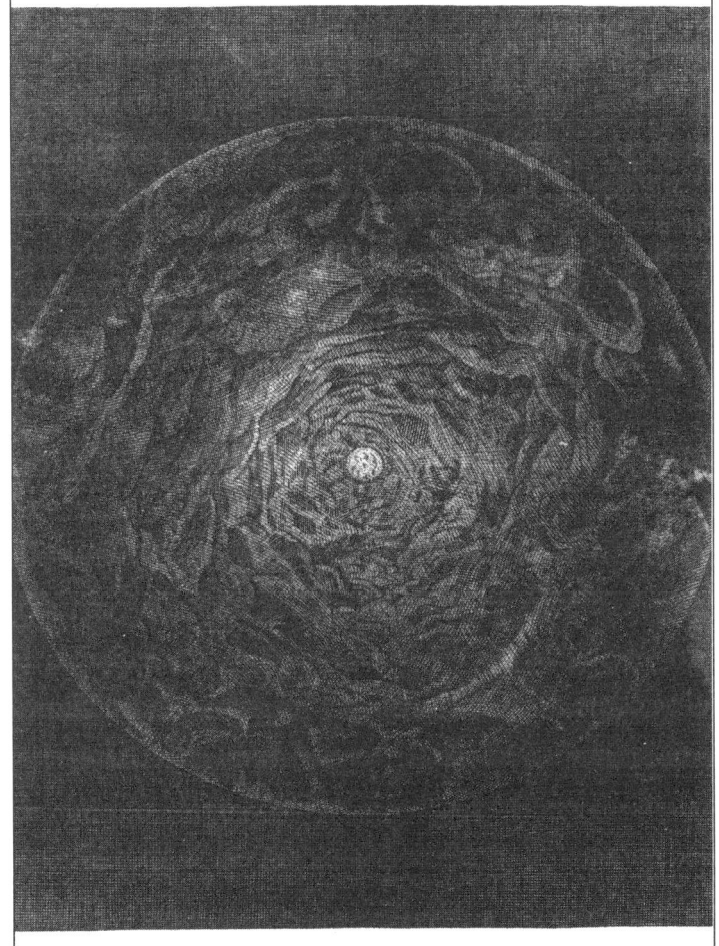

Caritas Humanitas Aliter Occulta Succitas

Desde su tierra fértil se producen frutos buenos y malignos, plantas saludables y nocivas, animales inofensivos y peligrosos, pues Dios no hace en absoluto distinciones entre personas, ni favorece a ningún individuo en particular. Cada uno recibe lo que le toca en la vida de acuerdo con su capacidad de recibir, y finalmente cada uno se convierte en aquello que su carácter le destina a ser.

A continuación, tomemos el *Spiritus Universalis*, sin el cual el experimento alquímico no puede tener éxito. Johannes Trithemius, abad y alquimista, cuyos escritos son más claros y más comprensibles que los de cualquier otro alquimista, dice:

«Todas las cosas han sido hechas por el poder de la palabra divina, que es el espíritu o aliento divino que, al principio, emanó de la fuente divina. Este aliento es el espíritu o alma del mundo, y se denomina *spiritus mundi*. Inicialmente, era como el aire, pero se contrajo, convirtiéndose en una especie de niebla o sustancia nebular, y luego se convirtió en "agua". Al principio, esta "agua" era toda espíritu y vida, porque estaba impregnada de espíritu y éste le daba vida. Era oscura en las profundidades; pero, a través de la palabra pronunciada con firmeza, se generó luz ahí dentro, y entonces la oscuridad fue iluminada por la luz, y el alma del mundo tuvo su comienzo. Esta luz espiritual, a la que podemos llamar Naturaleza, es un cuerpo espiritual, el cual, a través de la Alquimia, puede hacerse tangible y visible; pero, como existe en un estado invisible, se le llama espíritu.

»Se trata de un fluido universal y vivo difundido por la Totalidad de la Naturaleza, y que impregna a todos los seres. Es la más sutil de todas las sustancias, la más poderosa por sus cualidades inherentes, penetrando en todos los cuerpos y dando vida a las formas en las está activa. Mediante su acción, libera a las formas de toda imperfección, y hace que lo impuro se vuelva puro, lo imperfecto perfecto y que lo mortal devenga inmortal al fijarse en su interior.

»Esta esencia o espíritu emanó inicialmente del centro, y está incorporada dentro de la sustancia de la que está hecho el mundo. Es la Sal de la Tierra, y sin su presencia la hierba no crecería y los campos no estarían verdes.

Cuanto más condensada, concentrada y coagulada esté esta esencia en las formas, más perdurables serán. Esta sustancia es la más sutil de todas las cosas, incorruptible e inalterable en su esencia, impregnando la infinidad del espacio. El Sol y los planetas son simplemente estados condensados de este principio universal, y distribuyen la abundancia de sus corazones palpitantes, y la envían a las formas de los mundos interiores y a todos los seres, actuando a través de sus propios centros y conduciendo a las formas a un lugar más elevado en el camino hacia la perfección. Las formas en las que este principio queda fijado devienen perfectas y permanentes, de manera tal que no se corroerán ni se deteriorarán, ni cambiarán al ser expuestas al aire. Estas formas tampoco podrán ser disueltas por el agua, ni destruidas por el fuego, ni devoradas por los elementos de la tierra.

»Este espíritu puede obtenerse de la misma manera que es transmitido a la Tierra por las estrellas; y esto tiene lugar por medio del agua, que sirve como vehículo. No es la Piedra Filosofal, pero esta última puede ser preparada a partir de él haciendo que aquello que es volátil se fije.

»Os aconsejo que prestéis mucha atención al agua que hierve, y que no permitáis que vuestras mentes sean molestadas por cosas de menor importancia. Haced que hierva lentamente y dejad que se pudra hasta que adquiera el color adecuado, pues en el agua de la Vida está contenido el germen de la sabiduría. Mediante el arte del hervido, el agua se transformará en tierra. Esta tierra cambiará convirtiéndose en un fluido puro y cristalino a partir del cual se produce un excelente fuego rojo; pero esta agua y este fuego, al crecer juntos y convertirse en una esencia, producen la gran Panacea compuesta de docilidad y fuerza: el cordero y el león en uno».

El fuego secreto

En algún libro moderno el fuego secreto de los Alquimistas es descrito como Kundalini, el poder «serpentino», o anular, en funcionamiento en el cuerpo del asceta.

Michael Maier, *Atalanta Fugiens*, Oppenheim, 1618

«Es un ardiente poder eléctrico oculto o Fohático, la gran energía prístina que está en la base de toda materia orgánica e inorgánica»; y, en otra parte: «Es una energía electro-espiritual, un poder creador que, cuando despierta a la acción, es capaz de matar con la misma facilidad con que es capaz de crear».

Este punto es la razón por la cual los secretos de la Alquimia no son divulgados a los curiosos, y por la cual únicamente a aquellos que han logrado el poder de controlar a su propio ser se les dirá cómo se puede despertar este poder en el hombre.

En relación a este «fuego secreto», los Rosacruces afirman:

«Las potencialidades que hay en la naturaleza son despertadas por la acción del fuego secreto, asistido por el fuego elemental.

»El fuego secreto es invisible, y está contenido en todas las cosas. Es el fuego más potencial y más poderoso, con el cual el fuego externo visible no puede ser comparado. Es el fuego con el que Moisés quemó el becerro de oro, y del cual Jeremias se ocultaba, y el cual fue encontrado setenta años más tarde por los conocedores, aunque para entonces se había convertido en un agua espesa. (Macabeos II, 1-2).

»Sin la posesión de este fuego mágico, no se puede realizar ningún proceso alquímico, y, por lo tanto, en *Los símbolos secretos de los Rosacruces* se recomienda que el estudiante de Alquimia busque, por encima de todo, el fuego.»

P. Bruegel, *El Alquimista*, Londres, 1651

Las reglas del trabajo alquímico

Hay cuatro reglas esenciales para el desarrollo del trabajo alquímico:

1. Sigue a la Naturaleza.
Es inútil que busques el Sol alumbrado por la luz de una vela.

2. *Primero conoce, después actúa.*
El verdadero conocimiento existe en el triángulo compuesto por el ver, el sentir y el comprender.

3. *No utilices procesos vulgares.*
Utiliza solamente un recipiente, un fuego, un instrumento. La puerta del éxito se encuentra en la unidad de la voluntad y el propósito y en la adaptación adecuada de los medios para un fin. Hay muchos caminos que conducen al castillo celestial. Aquel que siga el sendero elegido puede tener éxito, mientras que aquel que intente caminar por muchos senderos se retrasará.

4. *Mantén el fuego ardiendo constantemente.*
Si se permite que los metales fundidos se enfríen antes de haber sido transformados en metales superiores, volverán a endurecerse y todo el proceso deberá repetirse desde el principio. Usa una lámpara inextinguible. Su luz no se apagará a menos que sea retirada a la fuerza.

Michael Maier, *Tripus Aureus*, Fráncfort, 1618

La práctica de la alquimia

Hay cinco cosas que deben observarse necesariamente en la práctica de la alquimia:

1. Reconocer la verdadera Prima Materia.
Se puede encontrar en todas partes, pero, si no la encuentras en tu propia casa, no la encontrarás en ninguna parte. Es una sustancia viviente que puede ser descubierta únicamente en lugares habitados por el hombre. Es

la única sustancia a partir de la cual se puede preparar la Piedra Filosofal, y sin esta sustancia no se puede hacer plata u oro auténticos. En treinta libras de mercurio corriente, normalmente no hay más de una libra de sustancia verdadera; y cien libras del azufre corriente no suelen contener más de una libra de aquello que es útil. Sólo se puede hallar sobre la tierra, pero no debajo de ella. Está ante los ojos de todo el mundo; nadie puede vivir sin ella; todo el mundo la utiliza; los pobres suelen poseer más de esto que los ricos; los ignorantes la tienen en alta estima, pero los eruditos la suelen malgastar. Los niños juegan con ella en la calle, pero es invisible. Puede ser percibida únicamente con el sentimiento, pero no puede ser vista por el ojo humano.

2. *Para la preparación de la Prima Materia,* utiliza únicamente la sangre color de rosa del León Rojo y el puro y blanco gluten del Águila. Que tu Voluntad sea fuerte, pero sin ira, y que tus pensamientos estén limpios de aquello que infecta la capa más baja de la

atmósfera de la Tierra. Deja que el fuego de la Voluntad divina penetre profundamente dentro de tu alma, y eleva tu mente hasta las regiones superiores del pensamiento.

3. Obtén el Fuego sagrado.
No es obra del hombre; no puede ser comprado, pero es entregado a cambio de nada a aquellos que son merecedores de él.

4. Luego sigue la Multiplicación...
y el aumento, para lo cual son necesarios el peso y la medida. Pesa todas las cosas con la balanza de la justicia, y mídelas con la regla de la razón.

5. La quinta es la Aplicación...
es decir, la Proyección en los metales. Esto será realizado por la naturaleza, sin ayuda artificial.

John French, *The art of distillation*, Londres, 1651

Axiomata hermética

1.

Cualquier cosa que pueda conseguirse con un método sencillo, no debe intentarse con un método complicado.

Sólo hay una Verdad, cuya existencia no exige ninguna prueba, porque ella misma es prueba suficiente para aquellos que son capaces de percibirla. ¿Por qué habríamos de entrar en la complejidad para buscar aquello que es simple? El sabio dice: *Ignis et Azoth tibi sufficiunt*. El cuerpo ya está en tu posesión. Todo lo que necesitas es el fuego y el aire.

2.

Ninguna sustancia puede llegar a ser perfecta sin un sufrimiento prolongado.

Grande es el error de aquellos que imaginan que la Piedra Filosofal puede ser endurecida sin ser disuelta primero; su tiempo y su trabajo estarán desperdiciados.

3.

La naturaleza debe ser asistida por el arte siempre que esté falta de poder.

El arte puede ser la criada de la naturaleza, pero no puede suplantar a su señora. El arte sin la naturaleza es siempre antinatural. La naturaleza sin arte no siempre es perfecta.

4.

La naturaleza no puede ser modificada, excepto en su propio ser.

La naturaleza de un árbol no puede ser cambiada mediante la poda de sus ramas o la adición de ornamentos; puede ser mejorada únicamente mediante la mejora de la tierra en la que crece, o mediante el injerto.

5.

La naturaleza disfruta, comprende y supera a la naturaleza.

No hay otro conocimiento que el conocimiento del ser. Todo ser puede realizar verdaderamente su propia existencia, más no la de cualquier elemento que le sea completamente ajeno.

6.

Aquel que no conoce el movimiento, no conoce la naturaleza.

La naturaleza es producto del movimiento. En el momento en que el movimiento eterno cesara, toda la naturaleza dejaría de existir.

Aquel que no conoce los movimientos que están teniendo lugar en su cuerpo es un extraño en su propia casa.

7.
Cualquier cosa que produzca el mismo efecto que el producido por un compuesto es similar a este último.

El Uno es más grande que todos los demás números, pues de él pueden evolucionar una variedad infinita de magnitudes matemáticas; pero ningún cambio es posible sin la presencia del Uno, que todo lo impregna, y cuyas cualidades están manifiestas en todas sus manifestaciones.

8.

Nadie puede pasar de un extremo a otro, si no es a través de un medio.

Un animal no puede devenir divino antes de convertirse en humano. Aquello que es antinatural debe volverse natural para que su naturaleza pueda devenir espiritual.

9.

Los metales no pueden ser convertidos en otros metales sin haber sido reducidos antes a *prima materia*.

La voluntad del ser, contraria a la divina, debe cesar para que la Voluntad divina entre en el corazón. Debemos ser simples, como niños, para que la palabra de la sabiduría pueda hablar en nuestra mente.

10.
Lo no maduro debe ser asistido por lo maduro. Así, la fermentación debe ser inducida. La ley de la Inducción gobierna en todos los departamentos de la naturaleza.

11.
En la Calcinación, el *Corpus* no es reducido, sino aumentado, en cantidad.

El verdadero ascetismo consiste en renunciar a aquello que uno no desea después de haber recibido algo mejor.

12.
En la Alquimia, nada puede dar fruto sin antes haber sido mortificado.

La luz no puede brillar a través de la materia a menos que la materia esté suficientemente refinada como para permitir el paso de los rayos.

13.
Aquello que mata produce vida; aquello que provoca la muerte provoca la resurrección; aquello que destruye crea.

Nada sale de la nada. La creación de una nueva forma está condicionada por la destrucción (transformación) de la antigua forma.

14.

Todo aquello que contenga una semilla puede ser aumentado, pero no sin la asistencia de la naturaleza. Únicamente a través de la semilla puede el fruto que contiene más semillas llegar a existir.

15.

Cada cosa es multiplicada y aumentada por medio de un principio masculino y femenino.

La materia no produce nada a menos que sea penetrada por el poder. La naturaleza no crea nada a menos que esté impregnada de Espíritu. El pensamiento es improductivo a menos que se torne activo mediante la Voluntad.

16.

La virtud de cada semilla es unirse con cada cosa que pertenece a su mismo reino.

Cada cosa de la naturaleza es atraída por su propia naturaleza representada en otras cosas. Los colores y los sonidos de naturaleza similar forman unidades armoniosas, las sustancias que están relacionadas entre ellas pueden ser combinadas, los animales de un mismo género se relacionan entre ellos, y los poderes espirituales se unen con sus propios gérmenes afines.

17.
Una matriz pura da a luz un fruto puro. Únicamente en el santuario más profundo del alma será revelado el misterio del espíritu.

18.
El fuego y el calor sólo pueden ser producidos por el movimiento.
Inmovilidad es muerte. La piedra lanzada al agua forma progresivamente círculos que se extienden desde el centro, que son producidos por el movimiento. El alma que no puede ser conmovida no puede ser elevada, y se petrifica.

19.

Todo el método es iniciado y es finalizado por UN solo método: el Hervido.

El gran *Arcanum* es un espíritu celestial que desciende del Sol, la Luna y las estrellas, y que es llevado a la perfección en el objeto saturnino mediante su hervido continuo hasta que alcanza el estado de sublimación y el poder necesario para transformar los metales básicos en oro. Esta operación es realizada por el fuego hermético. La separación de lo sutil de lo espeso debe hacerse con cuidado, añadiendo agua continuamente; pues, cuanto más terrenales sean los materiales, más deben ser diluidos y forzados a moverse. Continúa este proceso hasta que el alma separada se reúna con el cuerpo.

20.
El proceso entero se realiza única y exclusivamente con Agua. Es la misma Agua sobre la cual el Espíritu de Dios se movió en el principio, cuando la oscuridad estaba sobre la faz de lo profundo.

21.
Cada cosa proviene y surge de aquello en lo cual volverá a ser resuelta.

Lo terrenal proviene de la tierra; lo que pertenece a las estrellas es obtenido de las estrellas; lo espiritual proviene del Espíritu, y regresa a Dios.

22.

Ahí donde los verdaderos principios estén ausentes, los resultados serán imperfectos. Las meras imitaciones no pueden producir resultados genuinos. Un amor, una sabiduría y un poder meramente imaginarios sólo pueden ser efectivos en el reino de las ilusiones.

23.

El arte empieza ahí donde la naturaleza ha dejado de actuar. El arte realiza, por medio de la naturaleza, aquello que la naturaleza es incapaz de realizar sin la ayuda del arte.

24.

El Arte Hermético no se alcanza a través de una gran variedad de métodos; el *Lapis* es el único. Sólo hay una verdad eterna, inalterable. Puede aparecer bajo diferentes apariencias, pero en esa facilidad lo que cambia no es la verdad: somos nosotros los que cambiamos nuestra forma de concebirla.

25.

La sustancia con la que se prepara el *Arcanum* debe ser pura, indestructible e incombustible.

Debería estar libre de elementos groseramente materiales, ser indestructible por la duda e incapaz de ser quemada en el fuego de la pasión.

26.
No busques la semilla de la Piedra Filosofal en los Elementos.

Dicha semilla puede hallarse únicamente en el Centro del fruto.

27.
La sustancia de la Piedra Filosofal es mercurial.

Aquellos que son sabios la están buscando en el mercurio; el tonto intenta crearla con su propio cerebro vacío.

28.

La semilla de los metales está en los metales, y los metales nacen de sí mismos.

El crecimiento de los metales es muy lento; pero puede ser acelerado añadiendo Paciencia.

29.

Utiliza únicamente Metales perfectos.

El mercurio crudo, como el que suele encontrarse en los países europeos, es perfectamente inútil para este trabajo. La sabiduría mundana es tontería a los ojos del Señor.

30.
Aquello que es duro y espeso debe volverse sutil y fino mediante la calcinación.

Se trata de un proceso muy doloroso y tedioso, porque es necesario retirar incluso la raíz del mal, y esto hace que el corazón sangre, y que la naturaleza torturada grite.

31.
La base de este arte es reducir el *Corpora* a *Argentum Vivum*.

Ésta es la *Solutio Sulphuris Sapientium in Mercurio*. Una ciencia sin vida es una ciencia muerta; un intelecto sin espiritualidad no es más que una luz falsa y tomada prestada.

32.
En la solución, el solvente y lo disuelto deben permanecer juntos. Debe hacerse que el fuego y el agua se mezclen. El Pensamiento y el Amor deben permanecer unidos para siempre.

33.
Si la semilla no es tratada con calidez y humedad, será inservible.

El frío contrae y la sequedad endurece el corazón, pero el fuego del amor divino lo expande, y el agua del pensamiento disuelve los residuos.

34.

La tierra no produce fruto si no es humedecida en repetidas ocasiones.

Ninguna revelación tiene lugar en la oscuridad, si no es a través de la luz.

35.

El humedecimiento tiene lugar por medio del agua, con la cual tiene la afinidad más cercana.

El cuerpo mismo es un producto del pensamiento, y tiene, por lo tanto, la afinidad más cercana con la mente.

36.

Todo lo seco tiende, naturalmente, a atraer la humedad que necesita para llegar a estar completo en su constitución.

El Uno, a partir del cual se producen todas las cosas, es perfecto; y, por lo tanto, todas las cosas contienen en su interior la tendencia y la posibilidad de la perfección.

37.

Una semilla es inservible e impotente a menos que sea colocada en la matriz adecuada.

Un alma no puede desarrollarse y progresar sin un cuerpo adecuado, porque el cuerpo físico es el que proporciona el material para su desarrollo.

38.

El calor activo produce negrura en aquello que está húmedo; en aquello que está seco, produce blancura; y en aquello que es blanco produce un color amarillo.

Primero es la mortificación, luego la calcinación, y después el resplandor dorado producido por la luz del fuego sagrado que ilumina al alma purificada.

39.

El fuego ha de ser moderado, ininterrumpido, lento, igual, húmedo, cálido, blanco, ligero, comprensivo, encerrado, penetrante, vivo, inextinguible, y el utilizado por la naturaleza.

Es el fuego que desciende del cielo para bendecir a toda la humanidad.

40.

Todas las operaciones deben tener lugar en un único recipiente y sin retirarlo del fuego.

La sustancia utilizada para la preparación de la Piedra Filosofal debería ser reunida únicamente en un sitio y no ser dispersada en varios lugares. Si el oro ha perdido su brillo una vez, es difícil recuperarlo.

41.

El recipiente debe estar bien cerrado, para que el agua no salga de él y el aire no se escape. Debería estar sellado herméticamente, porque si el espíritu encontrara un lugar por donde escapar, el poder se perdería. Además, debería estar bien cerrado para que nada extraño e impuro pueda entrar y mezclarse con él.

En la puerta del laboratorio debería colocarse siempre a un centinela con una lanza llameante para que examine a todos los visitantes, y para que rechace a aquellos que no sean dignos de ser admitidos.

42.

No abras el recipiente hasta que el humedecimiento haya sido completado.

Si el recipiente se abre prematuramente, se pierde la mayor parte del trabajo.

43.

Cuanto más se atienda y se alimente el *Lapis*, más aumentará. La sabiduría divina es inagotable; la limitación existe únicamente en la capacidad que tenga la forma para recibirla.

Edward Kelley, *De Lapide Philosophorum*, Hamburgo, 1676

Índice

1.

La Alquimia 7
   La prima materia 19
   El fuego secreto 25
   Las reglas del trabajo alquímico 28
   La práctica de la Alquimia 30

2.

Axiomata hermética 33